Holz im Countrystyle

Sind Sie ein Fan des amerikanischen Landhausstils? Dann ist dieses Buch genau das Richtige für Sie. Hier finden Sie wunderschöne Holzmotive, die Sie aus Sperrholz ganz einfach nacharbeiten können. Für alle Jahreszeiten sowie für drinnen und draußen ist für jeden Geschmack etwas mit dabei. Nützliche Dinge wie Türschilder, Handtuchhalter oder kleine Kommoden, aber auch Dekoratives wie ein Klangspiel, Blumenstecker oder Kantenhocker zeigen die ganze Breite des Countrystyle.

Greifen Sie zur Säge, verschönern Sie Ihr Heim oder machen Sie anderen eine besondere Freude.

Ich wünsche Ihnen viel Spaß beim Nacharbeiten der Motive

Ihre

Gudrun Schmitt

Die Motive lassen sich in folgende Schwierigkeitsgrade unterteilen:

○ ○ ○ einfach ○ ○ ○ etwas schwieriger ○ ○ ○ anspruchsvoll

GRUNDAUSSTATTUNG

Folgende Materialien und Hilfsmittel werden für die meisten Motive benötigt. Sie werden in den einzelnen Materiallisten nicht nochmals aufgeführt:

- Transparentpapier
- Bleistift und Radierer
- Klebeband
- Laub- oder Dekupiersäge
- Schleifpapier in verschiedenen Körnungen oder Schleifschwamm
- Akkuschrauber mit verschiedenen Bohrern und Bits
- Feile, Rundfeile
- Hammer
- Cutter
- verschiedene Pinsel
- Holzleim
- wasserfester Filzstift in Schwarz und Weiß
- Buntstift in Rot
- wetterfester Klarlack
- Papiertücher, Wattestäbchen
- Schaschlikstäbchen
- Klebeband

So wird's gemacht

1 Das Motiv bzw. die Motivteile ohne Überschneidungen von der Vorlage mit Bleistift auf Transparentpapier übertragen. Dann das Transparentpapier umdrehen, auf das Sperrholz legen und die Linien mit einem harten Bleistift nochmals kräftig nachziehen. Die durchgedrückten Linien auf dem Sperrholz nochmals mit Bleistift nachziehen.

2 Die Motivteile mit der Laub- oder Dekupiersäge aussägen. Für die Laubsäge sind im Fachhandel zur Befestigung des Werkstückes kleine Brettchen erhältlich, die an den Tisch geschraubt werden können. Zum Aussägen am besten feine Sägeblätter benutzen, damit das Holz möglichst wenig splittert. Beim Sägen der Ecken das Motiv langsam drehen. Die benötigten Löcher in das Holz bohren. Anschließend die Kanten mit Schleifpapier oder Schleifschwamm glätten, kleine Rundungen können mit einer feinen Feile bearbeitet werden. Die Löcher mit einer passenden Rundfeile bearbeiten.

3 Die Motive mit Bastelfarbe gemäß der Abbildung und Vorlage bemalen. Zuerst die Flächen malen. Sollen Farbflächen nicht ineinander übergehen, den ersten Farbauftrag trocknen lassen, dann die nächste Farbe aufbringen. Zum Schattieren die Farben etwas verdünnt und nass ineinander malen. Das zu bemalende Holz kann auch angefeuchtet werden, anschließend die Farben ineinander ziehen. Durch Verwischen mit einem Papiertuch oder mithilfe eines Wattestäbchens können ebenfalls Schattierungen erzielt werden.
Nach dem Trocknen mit einem dünnen Pinsel die Konturen auftragen. Feine Linien mit wasserfestem, schwarzem oder weißem Filzstift aufmalen. Für die Wangen von rotem Buntstift mit dem Cutter kleine Späne abschaben, diese mit dem Finger aufnehmen und auf das Holz reiben. Krakelierlack lässt Motive antik wirken. Hierzu das Motiv mit Bastelfarbe bemalen, diese gut trocknen lassen und anschließend Krakelierlack auftragen. Ist dieser gut getrocknet, wird das Teil in der gewünschten Farbe bemalt. Beim Trocknen der Farbe entstehen kleine Risse, sodass die zuerst aufgetragene Farbe zu sehen ist.
Soll das Motiv im Außenbereich stehen, noch mit wetterfestem Klarlack versehen und diesen gut trocknen lassen. Auf Wangen den Klarlack vorsichtig auftupfen, damit sie nicht verwischen.

4 Die Motivteile dann gemäß der Vorlage und Abbildung mit Holzleim zusammenleimen- bzw. schrauben.

Tipp: Zum Formen von Spiralen aus Draht diesen stramm um ein Schaschlikstäbchen drehen, wieder abnehmen und etwas auseinander ziehen.

Hinweis: Für alle gezeigten Objekte wurde Pappelsperrholz verwendet.

1

2

3

Herzlicher Willkommensgruß

→ flexibel durch Magnete

MATERIAL

- Sperrholz, 6 mm stark, 36 cm x 36 cm
- Sperrholz, 4 mm stark, 40 cm x 20 cm
- Bastelfarbe in Ocker, Schwarz, Altrosa, Weinrot, Beige, Braun, Orange, Dunkelgrün, Gelb, Rot, Hautfarbe, Türkis, Grau und Violett
- 6 Magnete, ø 2 cm
- Bast in Natur
- Goldglöckchen, ø 7 mm
- Basteldraht in Gold
- Satinband in Blau, 5 mm breit
- Draht in Schwarz, ø 1 mm
- Schraubhaken, 10 mm x 4 mm

VORLAGENBOGEN 1A

1 Alle Teile aus Sperrholz aussägen, die Hände der Bären und die kleinen Magnetpins aus dem dünneren Sperrholz. Die Motivteile laut Abbildung und Vorlage bemalen. Die großen Flächen mit etwas verdünnter Farbe bemalen, an den Rändern mit einem trockenen Pinsel die Konturen nochmals nachziehen. Für Schattierungen die noch feuchte Farbe mit einem Papiertuch verreiben. Dann die Teile zusammenkleben.

2 Die Magnete mit Holzleim auf die Rückseite der kleinen Figuren und auf das Herz kleben. In die Bohrung (ø 2 mm) am Ohr des Elches den Golddraht ziehen, daran das Glöckchen hängen. Um die Kürbisse Schleifen aus Bast binden. Die Satinschleife (aus 12 cm Band) auf das Hasenohr kleben. Für die Fühler des Käfers zwei Bohrungen (ø 2 mm) anbringen, die Drähte (je 10 cm lang) durch diese ziehen und die Enden auf der Rückseite umbiegen. Das andere Ende gemäß der Abbildung rund biegen.

3 Den Schraubhaken für die Aufhängung eindrehen. Verwenden Sie das Schild im Außenbereich, muss es mit wasserfestem Klarlack überzogen werden.

Tipp: Die Magnetpins können Sie je nach Jahreszeit auswechseln und haben so immer ein passendes Türschild.

WILLKOMMEN BEI
UNS ZU HAUSE

Niedlicher Gartenengel

→ Blickfang vor der Haustüre

MATERIAL

- Sperrholz, 8 mm stark, 85 cm x 35 cm
- Bastelfarbe in Weinrot, Hautfarbe, Ocker, Gelb, Grau, Altrosa, Taubenblau und Weiß
- 2 Holzknöpfe in Natur, ø 3 cm
- Papierdraht in Natur, ø 2 mm

VORLAGENBOGEN 1A

1 Alle Teile aus Sperrholz aussägen, am Engelskopf für die Haare drei Bohrungen (ø 2 mm) anbringen. Den Boden, das Vorderteil (25,5 cm x 15,5 cm) und die beiden Seitenteile (17 cm x 15,5 cm) des Blumenkastens zusägen.

2 Alle Teile bemalen (Herzen und Blumenkasten gemäß Abbildung) und aufeinander kleben. Den Blumenkasten ebenfalls zusammenfügen. Hierzu zunächst die Seitenteile, anschließend Vorder- und Rückwand um die Bodenplatte leimen. Die Herzen mit Knöpfen verzieren.

3 Drei 10 cm lange Drahtstücke über einem Schaschlikstäbchen zu Spiralen formen und in die Bohrungen kleben.

Hahn im Haus

→ schön für den Garten

MATERIAL

- Sperrholz, 6 mm stark, 50 cm x 50 cm
- Vierkantholz, 4 cm x 4 cm, 1 m lang
- Bastelfarbe in Beige, Weinrot, Ocker, Taubenblau, Weiß und Braun
- Krakelierlack
- Draht in Schwarz, ø 1 mm
- Schraube, 0,35 cm x 4 cm

VORLAGENBOGEN 1B

1 Die Teile aussägen und unten am Haus sowie an der Blume für den Draht eine Bohrung (ø 2 mm) anbringen.

2 Das Haus mit der taubenblauen Farbe bemalen und trocknen lassen. Krakelierlack auftragen, gut trocknen lassen und in Beige übermalen. Während des Trocknens bilden sich Risse. Danach die blauen Karos aufmalen.

3 Die übrigen Teile ebenfalls bemalen und auf das Haus kleben. Die Blume mit einem um ein Schaschlikstäbchen gedrehtem Draht (25 cm lang) in der Bohrung aufhängen. Das Haus auf den bemalten Stab schrauben.

Tipp: Zum Aufmalen der Karos ist es hilfreich das Muster einfach mit Klebeband abzukleben und die Zwischenräume auszumalen. Anschließend ziehen Sie die Klebestreifen vorsichtig wieder ab.

Rustikales Osterkörbchen

→ hübsch auf dem Ostertisch

1 Die Teile aus Sperrholz aussägen, dann die Bohrungen (ø 2 mm) an den Füßen und am Körper anbringen. Alles bemalen, die Streifen am Flügel und die Spanschachtel gemäß der Abbildung.

2 Die Einzelteile für das Huhn aufeinander leimen. 7 cm Draht durch die Bohrung an den Füßen ziehen und an die Bohrungen am Körper hängen. Den Draht hinten etwas umknicken. Eine Schleife aus Bast binden und aufkleben.

3 Die Blumen auf die Spanschachtel kleben und auf ihre Mitte die Knöpfe leimen. Das fertige Huhn an die Spanschachtel kleben.

MATERIAL

- ovale Spandose, 25 cm x 16 cm
- Sperrholz, 2 mm stark, 35 cm x 40 cm
- Bastelfarbe in Weinrot, Weiß, Ocker und Olivgrün
- 6 Holzknöpfe in Natur, ø 2 cm
- Ostergras in Natur
- Draht in Schwarz, ø 2 mm
- Bast in Natur

VORLAGENBOGEN 1B

Hilfsbereite Bauernhoftiere

→ witziger Handtuchhalter

MATERIAL

- Sperrholz, 6 mm stark, 35 cm x 45 cm
- Bastelfarbe in Grau, Weiß, Beige, Rosa und Ocker
- 5 Holzkugeln in Natur, ø 2 cm
- Holzknopf in Natur, ø 2 cm
- Draht in Schwarz, ø 1 mm
- Schaschlikstäbchen
- 2 Schrauben, 0,35 cm x 4 cm

VORLAGENBOGEN 1B

1 Die Teile aus Sperrholz aussägen und die Bohrungen für die Holzkugeln (ø 2 mm) anbringen. Alles bemalen und an den Rändern mit grauer Bastelfarbe schattieren. Nach dem Trocknen aufeinander leimen.

2 In die Holzkugeln Löcher bohren (ø 2 mm, ca. 5 mm tief). Pro Holzkugel ca. 1,5 cm vom Schaschlikstäbchen abschneiden und in die Bohrung kleben. Die Kugeln mit den überstehenden Schaschlikstäbchen in die Bohrungen am Motiv kleben.

3 Die Drähte (7 cm lang) um ein Schaschlikstäbchen drehen und wieder abziehen. Den Knopf und die Drähte gemäß der Vorlage ankleben.

4 Einige Kanten nochmals anschleifen, was der Garderobe einen antiken Charakter gibt. Zum Aufhängen gemäß der Vorlage seitlich zwei Bohrungen (ø 3 mm) anbringen, evtl. die Schrauben nach dem Aufhängen etwas übermalen.

Herzige Blumenstecker

→ peppen Vorgärten auf

MATERIAL

- Sperrholz, 8 mm stark, 25 cm x 35 cm
- 2 Vierkanthölzer, 5 mm x 5 mm, 45 cm lang
- Bastelfarbe in Weiß, Beige, Ocker, Olivgrün, Weinrot und Grau
- Draht in Schwarz, ø 1 mm

VORLAGENBOGEN 4B

1 Teile aus Sperrholz aussägen, dann die Bohrungen für die Drähte (ø 2 mm) anbringen. Anschließend alles bemalen, trocknen lassen und zusammenkleben.

2 Vier 7 cm lange Stücke Draht über ein Schaschlikstäbchen zu einer Spirale drehen und in die Bohrungen kleben. Leiste auf die Rückseite der Stecker leimen.

It's teatime

→ ein Muss für Teetrinker

Abbildung auch auf Seite 15.

Zuckerdose

1 Den Boden (10,7 cm x 10,7 cm), die Seitenteile (2 x 10,7 cm x 7,5 cm, 2 x 11,9 cm x 7,5 cm) und den Deckel (10,5 cm x 10,5 cm) aussägen. Die Dose zusammenleimen.

2 Als Auflagefläche für den Deckel innen ca. 5 mm vom oberen Rand entfernt ca. 1 cm lange Stücke Vierkantstab in die Ecken leimen.

3 Alles gemäß der Abbildung bemalen. Nach dem Trocknen die Kugel von unten mittig auf den Deckel schrauben

MATERIAL

- Sperrholz, 6 mm stark, 30 cm x 42 cm
- Bastelfarbe in Weinrot und Beige
- Holzkugel, ø 3 cm
- Vierkantholz, 5 mm x 5 mm, 6 cm lang
- Schraube, 0,25 cm x 1,2 cm

WEITERFÜHRUNG

It' teatime

MATERIAL

- Holzschränkchen mit sechs Schubladen, 32 cm x 18 cm x 31 cm
- Sperrholz, 6 mm stark, 110 cm x 35 cm
- Sperrholz, 8 mm stark, 15 cm x 32 cm
- Bastelfarbe in Grau, Hautfarbe, Altrosa, Ocker, Beige, Weiß und Weinrot

VORLAGEN-BOGEN 2A

Schränkchen

1 Das Schränkchen in Beige grundieren, dann die Schubladen gemäß der Abbildung bemalen. Hierzu mit Klebeband die Muster abkleben und in die Zwischenräume weinrote Farbe auftragen. Nach dem Trocknen das Klebeband vorsichtig abziehen.

2 Die Teile aus Sperrholz (Schild und Borte aus dem 8 mm starken Holz) aussägen (Regalboden, 29,6 cm x 9,5 cm) und bemalen. Die Rückwand hinter das Schränkchen kleben, anschließend die Seitenteile. Nach dem Trocknen das Schränkchen auf die Rückwand legen, das Regal, das Schild und die Borte aufkleben.

3 Die Hände auf die Figuren kleben, dann die Schubladen mit beschrifteten Schildern versehen.

Tipp: Die Schilder können Sie mit Ihren Lieblings-Teesorten beschriften.

IT'S TEATIME
APFEL
VANILLE
SCHWARZER TEE
PFEFFERMINZ
ZIMT
ORANGE

Flirtende Schweine

→ freche Kantenhocker

MATERIAL

- Sperrholz, 6 mm stark, 40 cm x 50 cm
- Bastelfarbe in Weinrot, Hellblau, Rosa, Altrosa, Gelb, Weiß, Beige, Grau, Schwarz, Olivgrün, Dunkelblau und Ocker
- 2 Astknöpfe in Natur, ø 2 cm
- Draht in Schwarz, ø 1 mm

VORLAGENBOGEN 2A+2B

1 Alle Sperrholzteile aussägen und in der Blume eine Bohrung (ø 2 mm) anbringen. Alles gemäß der Abbildung bemalen.

2 Die Teile zusammenkleben, das Zwischenteil im 90°-Winkel an den Oberkörper leimen. Wenn alles gut getrocknet ist, die Beine ebenfalls im 90°-Winkel anleimen.

3 30 cm Basteldraht um einen dünnen Stift drehen, wieder abnehmen und in die Bohrung an der Blume kleben. Die Hosenträger des Schweinchens noch mit Knöpfen verzieren.

Tipp: Um die Teile im 90°-Winkel aneinander zu leimen, stellen Sie sie als Stütze z. B. gegen eine gerade Wand. Beim Anleimen der Beine ist es hilfreich einen Gegenstand mit passender Höhe (z. B. Buch) unterzulegen.

Gärtnerin

→ für Blumen oder Gartenutensilien

MATERIAL
- Sperrholz, 8 mm stark, 42 cm x 22 cm
- Bastelfarbe in Beige, Gelb, Hautfarbe, Braun, Taubenblau, Weinrot, Hellblau, Ocker, Altrosa und Schwarz
- halber Tontopf, ø 5 cm
- 3 Holzknöpfe, ø 2 cm
- Draht in Schwarz, ø 1 mm
- Filz in Braun
- Moos in Grün
- Schraubhaken, 10 mm x 4 mm

VORLAGENBOGEN 2B

1 Die Teile aus Sperrholz aussägen, in die Blumen Löcher (ø 2 mm) bohren, dann alles bemalen. Die Schürze mit verdünnter, weinroter Farbe gemäß der Abbildung schattieren. Die Bemalung am Hut mit einem trockenen Pinsel mit brauner Farbe aufmalen.

2 Für die Blumen je 10 cm Draht um ein Schaschlikstäbchen zu Spiralen drehen, wieder abziehen und dann in die vorgebohrten Löcher kleben. Das Mädchen zusammenfügen, mit Holzknöpfen und einem Halstuch aus Filz verzieren.

3 Den Blumentopf mit Holzleim fixieren, das Moos einkleben und die Blumen mit Draht gemäß der Abbildung an die Arme kleben. Dann den Schraubhaken eindrehen.

Tipp: Hübsch sieht es auch aus, wenn Sie den Blumentopf mit frischen Blumen, Samentüten oder kleinen Gartengeräten dekorieren.

Tipp: Sollten Sie im Handel keinen halben Blumentopf bekommen, können Sie einen Topf mit dem Winkelschleifer halbieren.

Vogelscheuche

→ Klangspiel für die Herbstzeit

MATERIAL

- Sperrholz, 8 mm stark, 25 cm x 40 cm
- Bastelfarbe in Braun, Hautfarbe, Ocker, Orange, Blau, Beige und Olivgrün
- je 2 Klangstäbe, ø 5 mm, 16 cm und 11 cm lang, 1 Klangstab, ø 5 mm, 14 cm lang
- Basteldraht in Schwarz, ø 1 mm
- Bast in Natur
- Wolle in Ocker

VORLAGENBOGEN 2B

1 Die Teile aus Sperrholz aussägen und die Bohrungen (ø 2 mm) anbringen. Dann alles bemalen. Den Kürbis mit verdünnter Farbe in Ocker und Orange schattieren. Das Hemd beige bemalen, anschließend mit einem trockenen Pinsel die blauen Karos gemäß der Abbildung aufmalen.

2 Nach dem Trocknen die Einzelteile zusammenkleben. Ein 15 cm und ein 25 cm langes Stück Draht um ein Schaschlikstäbchen wickeln und wieder abziehen. Das längere Stück als Aufhängung einziehen, die Enden des kürzeren Stückes in die Bohrungen am Blatt und am Kürbis kleben.

3 In die Bohrungen am Hut ca. 3 cm lange Basstränge kleben. Zum Schluss die Klangstäbe mit Wolle an den Kürbis hängen.

Kleine Wolltruhe

→ sorgt für Ordnung

MATERIAL

- Sperrholz, 8 mm stark, 40 cm x 130 cm
- Vierkantholz, 5 mm x 5 mm, 26 cm lang
- Holzkugel, ø 4,5 cm
- Holzkugel, ø 1,5 cm
- 2 Holzperlen, ø 9 mm
- Schaschlikstäbchen
- Bastelfarbe in Braun, Hautfarbe, Weiß, Ocker, Schwarz, Weinrot, Olivgrün, Beige und Altrosa, 0,35 cm x 4 cm
- Schraube

VORLAGENBOGEN 3A + 3B

1 Alle Teile aussägen (2 x Seitenteil, 20,5 cm x 16 cm, 1 x Boden, 27,9 cm x 18,8 cm und gemäß Vorlage). Für die Stricknadeln in den Wollknäuel zwei Bohrungen (ø 0,2 cm) anbringen und alles bemalen.

2 Dann den Schäfer zusammenfügen. In der Holzkugel (1,5 cm) für die Nase und in der Mitte des Bartes eine Bohrung (ø 0,2 cm) anbringen. 1,5 cm Schaschlikstäbchen einkleben und die Nase befestigen.

3 Rückwand und Bodenteil im 90°-Winkel, anschließend das Vorderteil und zum Schluss die Seitenteile des Kästchens an die Bodenplatte leimen. Von der Vierkantleiste vier 3 cm lange und vier 3,5 cm lange Stücke abschneiden und 8 mm vom oberen Rand der Truhe entfernt als Eckleisten einkleben. Auf diesen liegt später der Deckel.

4 Die große Holzkugel bemalen und in der Mitte des Deckels mit einer kleinen Schraube von der Innenseite befestigen. In die Bohrungen an der Wolle zwei 7 cm lange Stücke Schaschlikstäbchen leimen und auf das Ende je eine Perle kleben.

5 Den Schäfer hinter das Kästchen kleben, die Wolle und die Schäfchen vorne anbringen.

Tipp: Am besten bemalen Sie die große Holzkugel, indem Sie sie mit einem Bohrer mit dem Durchmesser der Befestigungsschraube vorbohren. Anschließend können Sie sie auf ein Schaschlikstäbchen stecken und bemalen.

Fruchtiges Schränkchen

→ ideal für die Küche

MATERIAL

- 1 Holzschränkchen, 33,5 cm x 27 cm x 17 cm
- Sperrholz, 6 mm stark, 50 cm x 160 cm
- Bastelfarbe in Olivgrün, Weinrot, Beige und Braun
- Krakelierlack

VORLAGENBOGEN 3A

1 Alle Teile aussägen (2 x Bodenplatte, 32,2 cm x 13,9 cm, 2 x Regalbretter, 14 cm x 33,5 cm) und das komplette Schränkchen sowie die Teile aus Sperrholz bis auf die Fruchtbordüren und die einzelnen Früchte in Olivgrün bemalen. Nach dem Trocknen auf die gewünschten Stellen Krakelierlack auftragen. Trocknen lassen, dann in Beige bemalen und trocknen lassen.

2 Das Schränkchen auf die Rückwand legen, dann die Seitenteile, die Regalbretter und zum Schluss die Bordüren festleimen. Die Schubladen mit Fruchtmotiven verzieren.

Tipp: Einen schönen Obstkorb können Sie folgendermaßen herstellen: Arbeiten Sie die Früchteborte viermal. Sägen Sie eine passende Bodenplatte aus und leimen Sie sie als Boden fest.

TRICK

Trick or Treat

→ für Naschkatzen an Halloween

MATERIAL

- Sperrholz, 6 mm stark, 60 cm x 40 cm
- Rest Sperrholz, 4 mm stark
- 3 Tontöpfe, ø 7,5 cm
- Bastelfarbe in Schwarz, Weinrot, Gelb, Hautfarbe, Rot, Altrosa, Weiß, Dunkelblau und Elfenbein

VORLAGEN-BOGEN 3B

1 Alle Teile aussägen (Hände und Stern aus dem 4 mm starken Sperrholz, 1 x Bodenplatte, 26,3 cm x 9,9 cm, und 2 x Seitenteil, 8,4 cm x 3,4 cm, aus dem stärkeren Holz) und bemalen. Die Bluse der Hexe in Altrosa grundieren, nach dem Trocknen die Karos in Weinrot und Weiß aufmalen. Den Hut schwarz bemalen und trocknen lassen. Das weinrote Hutband und die Streifen und Punkte mit einem trockenen Pinsel mit weißer und beiger Farbe anbringen.

2 Auf die Rückwand die Seitenwände und nach dem Trocknen die Vorderwand aufleimen. Am Schluss die Bodenplatte festkleben. Die Hände von Hexe und Gespenst von vorne aufkleben.

3 Die Blumentöpfe gemäß der Abbildung bemalen und mit Süßigkeiten füllen.

Tipp: Möchten Sie die Deko aufhängen, bringen Sie in der Mitte des Hutes eine Bohrung an, ziehen Sie Draht durch diese und legen Sie ihn am Ende zu einer Schlaufe.

Gemütliches Vogelhäuschen

→ Luxus-Einkehr für Vögel

MATERIAL
- Sperrholz, 6 mm stark, 35 cm x 63 cm
- Bastelfarbe in Schwarz, Grün, Hellgrün, Rot, Orange, Braun, Hellgrau, Dunkelblau, Beige und Weiß
- 2 Scharniere in Gold, 1,5 cm x 2,5 cm
- Rundstab, ø 1 cm
- Draht in Schwarz, ø 1 mm

VORLAGEN-BOGEN 4A

1 Alle Teile und das Herz im vorderen Teil aussägen. Hierzu eine Bohrung in beliebiger Größe anbringen, das Sägeblatt durch die Bohrung ziehen und das Herz aussägen. Alle Bohrungen (ø 3 mm) anbringen.

2 Das Vogelhaus zusammenleimen. Zuerst an die Rückwand die Bodenplatte und die Seitenteile, anschließend das Vorderteil kleben.

3 Dann die Teile bemalen. Das Haus mit blauer Farbe grundieren, nach dem Trocknen die Karos und Muster aufmalen. Die braunen und weißen Gitter mit auf einem trockenen Pinsel aufgenommener Farbe aufbringen. Die Ilexblätter mit hellgrüner und grüner Farbe, die Beeren mit roter und schwarzer Farbe schattieren. Auf den Hut mit der auf den trockenen Pinsel aufgenommenen, weißen Farbe die Striche und Karos malen. Den zugesägten und bemalen Rundstab (4 cm lang) fixieren.

WEITERFÜHRUNG

Gemütliches Vogelhäuschen

4 Die Scharniere auf der Rückwand und oben auf dem Deckel festschrauben. Als Aufhängung 50 cm Draht durch die Bohrungen ziehen und die Enden verdrehen.

Tipp: Sie können das Vogelhäuschen auch auf eine Holzplatte schrauben und aufstellen.

Frohes Fest

→ für Tür- und Fensterrahmen

MATERIAL

- Sperrholz, 6 mm stark, 40 cm x 40 cm
- Rest Sperrholz, 4 mm stark
- 2 Holzkugeln, ø 1,5 cm
- Schaschlikstäbchen
- Bastelfarbe in Weinrot, Beige, Vanille, Grün, Orange, Ocker, Braun, Schwarz und Weiß
- Draht in Schwarz, ø 1 mm

VORLAGENBOGEN 4A

1 Die Teile aus Sperrholz aussägen (Hände, Nasen, Ilexblätter, Jackenbesätze aus dem dünneren Sperrholz). Bohrungen (ø 2 mm) an der Schlittenkufe und den Sternen anbringen. An den Kugeln Bohrungen (ø 2 mm) anbringen und je ein 1,5 cm langes Stück Schaschlikstäbchen einkleben. Die Ilexblätter mittig anbohren (ø 2 mm).

2 Alles gemäß der Abbildung bemalen. Die Hose und Mütze grundieren, dann trocknen lassen. Weiße bzw. weinrote Farbe auf den trockenen Pinsel aufnehmen, damit die Karos aufmalen. Die Jacke beige grundieren und mit brauner Farbe mithilfe eines Pinsels gemäß der Abbildung schattieren. Den Schlitten in Ocker grundieren und die beigefarbenen Streifen nach dem Trocknen mit einem dünnen Pinsel aufmalen.

3 Nach dem Trocknen die Teile aufeinander leimen. Die bemalten Holzkugeln mit Schaschlikstäbchen in die Bohrungen der Ilexblätter kleben, diese dann aufkleben.

4 Zwei 15 cm lange Stücke Draht um ein Schaschlikstäbchen wickeln, wieder abziehen und durch die Bohrungen ziehen. Die Enden auf der Rückseite umbiegen.

Tipp: Um das Motiv auf dem Tür- oder Fensterrahmen zu fixieren, können Sie doppelseitiges Klebeband oder Klebepads verwenden.

FROHES
FEST

Briefkasten für Weihnachtspost

→ praktisch und dekorativ

MATERIAL

- Sperrholz, 8 mm stark, 80 cm x 32 cm
- Rest Sperrholz, 4 mm stark
- Holzkugel in Natur, ø 1,5 cm
- Bastelfarbe in Weinrot, Hellblau, Olivgrün, Gelb, Weiß, Hautfarbe und Beige
- Schaschlikstäbchen
- Wolle in Ocker
- Schraubhaken, 10 mm x 4 mm

VORLAGENBOGEN 4B

1 Alle Teile aussägen (Hand, Sterne, Flicken und Bartteil aus dem dünneren Sperrholz, Bodenplatte, 21,3 cm x 10,3 cm, und alle restlichen Teile aus dem stärkeren Holz). In die Holzkugel ein Loch bohren (ø 2 mm) und ein 1,5 cm langes Stück Schaschlikstäbchen einkleben. In die Mitte des Bartes und in die Nikolausmütze ebenfalls ein Loch bohren (ø 2 mm).

2 Alle Teile bemalen. Die Mütze mit verdünnter, weinroter Farbe, an den Rändern nochmals unverdünnt, mit Weinrot übermalen. Nach dem Trocknen die olivfarbenen Streifen aufmalen. Die weißen Linien auf der Rückwand und auf den Flicken mit feinem, wasserfesten Filzstift aufmalen.

3 Durch das Loch in der Mütze einige Wollfäden ziehen und auf der Rückseite mit einem Knoten befestigen. In das Loch im Bart das Schaschlikstäbchen mit der bemalten Kugel kleben. Dann das Bartteil, die auf die Rechtecke geleimten Sterne und die Hand aufkleben.

WEIHNACHTS
POST

WEITERFÜHRUNG

Briefkasten für Weihnachtspost

4 Die Seitenteile im 90°-Winkel auf die Rückwand leimen und trocknen lassen. Das Vorderteil aufleimen, dann den Boden ankleben und den Schraubhaken eindrehen.

Tipp: Der Postkasten mach sich nicht nur im Außenbereich gut. Auch in der Wohnung kann man ihn aufhängen und Wunschzettel und wichtige Erledigungen für Weihnachten darin aufbewaren. Einfach die Beschriftung ändern.

DIESES BUCH ENTHÄLT 4 VORLAGENBOGEN

IMPRESSUM

FOTOS: frechverlag GmbH, 70499 Stuttgart; Fotostudio Ullrich & Co., Renningen
DRUCK: frechdruck GmbH, 70499 Stuttgart

Auflage: 5. 4. 3. 2. 1.
Jahr: 2008 2007 2006 2005 2004 [Letzte Zahlen maßgebend]

ISBN 3-7724-3262-X
Best.-Nr. 3262